BEI GRIN MACHT SICH IHR WISSEN BEZAHLT

- Wir veröffentlichen Ihre Hausarbeit,
  Bachelor- und Masterarbeit

- Ihr eigenes eBook und Buch -
  weltweit in allen wichtigen Shops

- Verdienen Sie an jedem Verkauf

Jetzt bei www.GRIN.com hochladen
und kostenlos publizieren

Martin Schädler

Marktsegmentierung - am Beispiel einer innovativen Tütensuppe

GRIN Verlag

Bibliografische Information der Deutschen Nationalbibliothek:

Die Deutsche Bibliothek verzeichnet diese Publikation in der Deutschen National-
bibliografie; detaillierte bibliografische Daten sind im Internet über http://dnb.d-
nb.de/ abrufbar.

Dieses Werk sowie alle darin enthaltenen einzelnen Beiträge und Abbildungen
sind urheberrechtlich geschützt. Jede Verwertung, die nicht ausdrücklich vom
Urheberrechtsschutz zugelassen ist, bedarf der vorherigen Zustimmung des Verla-
ges. Das gilt insbesondere für Vervielfältigungen, Bearbeitungen, Übersetzungen,
Mikroverfilmungen, Auswertungen durch Datenbanken und für die Einspeicherung
und Verarbeitung in elektronische Systeme. Alle Rechte, auch die des auszugsweisen
Nachdrucks, der fotomechanischen Wiedergabe (einschließlich Mikrokopie) sowie
der Auswertung durch Datenbanken oder ähnliche Einrichtungen, vorbehalten.

Impressum:

Copyright © 2004 GRIN Verlag GmbH
Druck und Bindung: Books on Demand GmbH, Norderstedt Germany
ISBN: 978-3-640-82710-7

Dieses Buch bei GRIN:

http://www.grin.com/de/e-book/33184/marktsegmentierung-am-beispiel-einer-
innovativen-tuetensuppe

GRIN - Your knowledge has value

Der GRIN Verlag publiziert seit 1998 wissenschaftliche Arbeiten von Studenten, Hochschullehrern und anderen Akademikern als eBook und gedrucktes Buch. Die Verlagswebsite www.grin.com ist die ideale Plattform zur Veröffentlichung von Hausarbeiten, Abschlussarbeiten, wissenschaftlichen Aufsätzen, Dissertationen und Fachbüchern.

Besuchen Sie uns im Internet:

http://www.grin.com/

http://www.facebook.com/grincom

http://www.twitter.com/grin_com

Marktsegmentierung

am Beispiel einer innovativen Tütensuppe

Winfoline Bildungsnetzwerk

Fallstudie
betreut durch den Lehrstuhl für
Betriebswirtschaftslehre, insbesondere Marketing
der Technischen Universität Dresden

Eingereicht von

Martin Schaedler

Inhalt

Ausgangsbasis

Die folgende Fallstudie beschreibt eine Marktsegmentierung für ein neues Lebensmittel-produkt auf Basis der in der Aufgabenstellung beschriebenen Ausgangssituation, ergänzt um plausible Annahmen des Beraters.

Der Ernährungswissenschaftler Manfred Mischer hat bereits während des Studiums eine Rezeptur für ein innovatives Tütensuppenfertiggericht entwickelt. Diese Tütensuppe ist durch Anreicherung mit Mineralstoffen und Vitaminen wesentlich nahrhafter als vergleichbare Produkte auf dem Markt, erzeugt ein lang anhaltendes Sättigungsgefühl und regt die Verdauung an. Diesem Produkt räumt der zukünftige Jungunternehmer große Marktchancen im stark wachsenden Bereich des Functional Food ein, weshalb er es selbständig vermarkten will.

Da Herr Mischer relativ unerfahren in Marketingthemen ist, wendet er sich an die auf Consumer Marketing spezialisierte Unternehmensberatung CMB, mit dem Auftrag, ihn bei grundsätzlichen Marketingthemen zu unterstützen.

Obwohl Herr Mischer keine Marketingkenntnisse besitzt, ist im klar, dass er aufgrund seiner begrenzten finanziellen Ressourcen fokussiert vorgehen muss. Er möchte deshalb den Gesamtmarkt segmentieren und seine Marketingaktivitäten auf die für ihn besonders attraktiven Segmente des Marktes konzentrieren.

Bei dieser nun anstehenden Aufgabe soll ihn die Beratung CMB unterstützen. Insbesondere soll Herrn Mischer in seinem Vorgehen bestätigt werden, indem die Notwendigkeit einer Marktsegmentierung unter Berücksichtigung der heute vorherr-schenden Marktstrukturen dargestellt wird. Darüber hinaus sollen Kriterien identifiziert und hinsichtlich ihrer Anwendungsproblematik beleuchtet werden. Darauf aufbauend wird eine Empfehlung für geeignete Segmentierungskriterien ausgesprochen und begründet. Abschließend wird dargestellt, wie Herr Mischer die für die Marktsegmentie-rung notwendigen Marktforschungsdaten sammeln kann und auf welche Probleme er dabei stoßen kann.

Praxisbezogene Überlegungen stehen dabei gegenüber theoretischen Grundlagen im Vordergrund.

1   Marktsegmentierung – Einordnung und Notwendigkeit

1.1 Einordnung

Die Marktsegmentierungsstrategie gehört neben der Marktfeld-, Marktstimulierungs- und Marktarealstrategie zu den Basisstrategien des Marketing und präjudiziert erfolgsentscheidend den Einsatz der einzelnen Marketinginstrumente auf der operativen Ebene des Marketingmix. Die Marktsegmentierungsstrategie ist eine absatzmarkt- bzw. kundenorientierte Strategie, d.h. sie stellt den für ein Unternehmen oder Produkt relevanten Gesamtmarkt ins Zentrum ihrer Betrachtungen.

Da sich die Präferenzen der einzelnen Kunden auf dem Gesamtmarkt unterscheiden, wird kein Produkt in der Lage sein, alle Ansprüche zu erfüllen. Deshalb wird der heterogene Gesamtmarkt in Teilmärkte (Marktsegmente) zerlegt, die potentielle Kunden mit einer ähnlichen Präferenzstruktur zusammenfassen. Hierzu werden sog. Segmentierungsvariablen (Kriterien) herangezogen, die folgende Anforderungen erfüllen müssen:

- Relevanz: Sie müssen die Kaufentscheidung nachhaltig beeinflussen. Die soziale Herkunft ist z.b. als Kriterium im vorliegenden Fall weniger geeignet.

- Messbarkeit: Sie müssen mit den Methoden der empirischen Sozialforschung statistisch messbar sein. Dies ist insbesondere bei psychologisch sensiblen Kriterien zu beachten.

- Erreichbarkeit: Sie müssen den potentiellen Kunden erreichen. Soll die Tütensuppe z.B. auch als Nahrungsergänzungsmittel für Kleinkinder positioniert werden, ist davon auszugehen, dass die Eltern und nicht die Kinder die jeweiligen Kunden repräsentieren.

- Trennschärfe: Sie müssen geeignet sein, homogene Teilmärkte voneinander abzugrenzen. Besitzen z.B. männliche und weibliche Singles identische Präferenzen bezüglich Tütensuppen, ist anzunehmen, dass sie auch ähnlich auf den Einsatz der Marketinginstrumente reagieren.

- Substanz: Die identifzierten Teilmärkte müssen wirtschaftlich relevant sein. Die Definition eines Marktsegments aller männlichen Singles über 50 Jahren mit mehr als einem Kleinkind ist bspw. vom Umsatzvolumen her völlig uninteressant.

- Nachhaltigkeit: Die Segmentierungskriterien müssen nachhaltig sein und dürfen keinen kurzfristigen Schwankungen unterliegen. Ansonsten besteht die Gefahr, dass sich die Präferenzstruktur schneller ändert, als das Produkt vermarktet werden kann. SARS hat z.b. zu einem Absatzanstieg bei Fertiggerichten geführt [Data2003], ist aber als Segmentierungskriterium ungeeignet.

Das oder die ausgewählten Segmentierungsvariablen bestimmen die Segmentierungsstrategie. Mit der Entscheidung, den Markt zu segmentieren, hat Herr Mischer bereits die erste Option, nämlich keine Segmentierung durchzuführen, ausgeschlossen. Ebenfalls auszuschließen ist die vollständige Segmentierung (Individualmarketing), da diese im Consumer Marketing praktisch nicht durchführbar ist, sondern nur bei einem sehr begrenzten Kundenkreis, wie z.b. in der Rüstungsindustrie. Eine eindimensionale Segmentierung mit Hilfe eines einzigen Segmentierungskriteriums erscheint für den stark fragmentierten Lebensmittelmarkt zu undifferenziert, weshalb eine mehrdimensionale Segmentierung mit den im folgenden noch zu bestimmenden Segmentierungskriterien ratsam erscheint.

1.2 Notwendigkeit

Die durch Segmentierungsvariablen gebildeten Marktsegmente weisen eine jeweils ähnliche Struktur der Verbraucherpräferenzen auf und können deshalb zielgerichtet mit den Instrumenten des Marketingmix bearbeitet werden. Je eher mit diesem Instrumentarium die kaufentscheidenden Präferenzen der Verbraucher angesprochen werden, desto höher sind die Marktchancen des Produkts zu beurteilen.

Ein Unternehmen wird nun den oder die Teilmärkte identifizieren, die für eine Vermarktung besonders attraktiv erscheinen, bspw. weil das entsprechende Umsatzvolumen besonders hoch ist.

Die Marktsegmentierungsstrategie wirkt demnach in zwei Richtungen. Zum einen ermöglicht sie, attraktive Marktsegmente zu identifizieren, zum anderen werden wichtige Entscheidungen für den operativen Einsatz der Marketinginstrumente in diesen Marktsegmenten vorweggenommen, was wiederum den eine zielgerichtete und damit erfolgversprechende Vermarktung des Produkts sicherstellt.

Insbesondere unter Berücksichtigung der heute vorherrschenden Marktstrukturen kommt der Marktsegmentierung eine erhebliche Bedeutung für den Vermarktungserfolg zu.

Gerade im Consumer Bereich ist in den meisten Märkten eine erhebliche Marktsätti-
gung mit großem Wettbewerbsdruck zu beobachten. Will ein Unternehmen dem daraus
resultierenden Preisdruck ausweichen, muss es verstärkt auf qualitatives Wachstum
setzen und dem potentiellen Kunden einen höheren Grad der Bedürfnisbefriedigung
bieten. Dies bedeutet, dass neben den Grundbedürfnissen, im vorliegenden Fall einer
Tütensuppe z.b. die einfache Zubereitung und ein ansprechender Geschmack,
Zusatzbedürfnisse erfüllt werden müssen, die der Verbraucher bereit ist, mit einem
höheren Preis zu kompensieren. Zusatzbedürfnisse wie z.b. eine besonders gesundheits-
förderliche Wirkung oder die Verwendbarkeit als Kleinkindernahrung sind stärker
individualisiert, als Grundbedürfnisse. Um Zusatzbedürfnisse zielorientiert ansprechen
zu können, müssen die entsprechenden Teilmärkte mit unterschiedlichen und individuali-
sierten Marketinginstrumenten bearbeitet werden [Beck1993, S. 224].

Diese Tatsachen gelten weitestgehend für nahezu alle Konsumgüter, insbesondere für
den sehr fragmentierten und wettbewerbsintensiven Markt des Functional Food.
[Spie2004, S. 3]

Aus diesen Gründen erscheint im vorliegenden Fall der Tütensuppe eine Marktsegmentierung unabdingbar, um das Produkt zielgruppenorientiert auf attraktiven Teilmärkten
positionieren zu können und somit den Vermarktungserfolg sicherzustellen.

2 Segmentierungskriterien

Die Aussagekraft einer Marktsegmentierung und der Erfolg der darauf basierenden
Strategieentscheidung steht und fällt mit der Auswahl geeigneter Segmentierungskriterien. Im vorherigen Kapitel wurden bereits Anforderungen an Segmentierungskriterien
definiert, allen voraus die, dass das entsprechende Kriterium für die Kaufentscheidung
relevant sein muss.

2.1 Mögliche Segmentierungskriterien

Für die Segmentierung können je nach Anwendungsfall bewährte Kriterien aus
unterschiedlichen Bereichen herangezogen werden:

- Demographische Kriterien wie Alter, Geschlecht, Ehestand, verfügbares Ein-
  kommen, Bildungsniveau, Rolle im Haushalt etc.

- Geographische Kriterien, wie Stadt, PLZ-Gebiet, Region, Land etc.

- Psychologische Kriterien, wie Interessen, Konsumverhalten, Persönlichkeits-
merkmale etc.

- Verhaltensmerkmale wie Kaufanlass, Einkaufs- und Verbrauchshäufigkeit,
Markentreue etc.[Zing2003].

Die Aufzählung möglicher Segmentierungskriterien lässt sich nahezu beliebig fortsetzen
und kann prinzipiell alle, einen Verbraucher beschreibende Attribute enthalten.

Die Berücksichtigung aller oder möglichst vieler Segmentierungskriterien würde
perspektivisch zu einer vollständigen Segmentierung des Marktes führen. Diese ist wie
bereits erwähnt, im praktischen Fall nicht durchführbar, da die Bearbeitung einer großen
Anzahl von Teilmärkten mit individuellen Marketinginstrumenten weder umsetzbar,
noch kostenmäßig darstellbar ist.

Deshalb werden für die Segmentierung des Marktes diejenigen Kriterien herangezogen,
welche die oben angesprochenen Anforderungen am besten erfüllen.

Problematisch ist nun häufig die objektive Bewertung der Kriterien hinsichtlich dieser
Anforderungen. Für jedes einzelne Kriterium muss hinterfragt werden, ob es zugleich
relevant, substanziell und nachhaltig ist. So ist z.b. das Geschlecht ein nachhaltiges
Segmentierungskriterium, für die Kaufentscheidung bei Tütensuppen aber vielleicht gar
nicht relevant. Darüber hinaus ist es als einziges Segmentierungskriterium nicht
substantiell und somit ungeeignet, die einzelnen Segmente aussagekräftig von einander
abzugrenzen. Die Verbreitung von SARS ist zwar als geographisches Kriterium relevant
und substantiell, aber (hoffentlich) nicht nachhaltig.

Bei Verhaltensmerkmalen und psychographischen Kriterien ist die Erhebung häufig
schwierig und mit einer Unschärfe behaftet, zum einen, weil insbesondere psychographi-
sche Kriterien schwieriger und häufig weniger objektiv zu messen sind, als bspw.
demographische Kriterien. Zum anderen ist insbesondere bei positiv oder negativ
behafteten Verhaltensmustern mit nicht adäquaten Aussagen der Probanden zu rechnen,
die in die Marktforschungsdaten eingehen. Diese Unschärfen können durch Methoden
der empirischen Sozialforschung, insbesondere der Fragebogentechnik teilweise
kompensiert werden, eine gewisse Subjektivität kann jedoch nie ausgeschlossen werden.

Eine weitere Herausforderung besteht in der Einschätzung, wie stark die einzelnen
Kriterien die Kaufentscheidung beeinflussen und wie sich eine Veränderung einzelner
Kriterien auf diese auswirkt.

Soll eine Primärmarktforschung durchgeführt werden, muss darüber hinaus ein Fragebogen zusammengestellt werden, der eine möglichst objektive Erhebung der ausgewählten Segmentierungskriterien erlaubt. Dazu müssen die Segmentierungskriterien in einem Fragebogen abgebildet werden. Insbesondere aufgrund er erwähnten Problematik bei der Erhebung von Verhaltensmerkmalen und psychographischen Kriterien sollte dies durch einen erfahrenen Experten geschehen, ansonsten besteht die Gefahr, dass die Ergebnisse nicht aussagekräftig sind.

2.2 Empfehlung geeigneter Segmentierungskriterien

Um eine Marktsegmentierung für die Tütensuppe durchführen zu können, werden nun konkrete Kriterien benannt und auf ihre Eignung im Hinblick auf die an sie gestellten Anforderungen überprüft.

Von grundlegender Bedeutung ist die bislang nicht weiter erörterte Frage, wie sich der relevanten Gesamtmarkt definiert. Im vorliegenden Fall wird unterstellt, dass Herr Mischer aufgrund seiner begrenzten Ressourcen den Heimatmarkt (d.h. Deutschland bzw. den deutschsprachigen Raum) bearbeiten möchte. Diese Festlegung stellt im Prinzip schon eine erste, geographische Segmentierungsentscheidung dar. Als Relevanter Gesamtmarkt können damit alle in Deutschland ansässigen Verbraucher (Kaufentscheider) betrachtet werden.

Im Folgenden wird davon ausgegangen, dass die Kaufentscheidung für eine Tütensuppe aus dem Segment Functional Food durch die unten genannten Kriterien beeinflusst wird. Die übrigen Anforderungen bzgl. Messbarkeit, Erreichbarkeit, Trennschärfe, Substanz und Nachhaltigkeit werden von diesen Segmentierungskriterien ebenfalls erfüllt. Um die einzelnen Kriterien quantifizieren zu können, müssen Sie darüber hinaus skaliert werden.

- Alter in Jahren (18 bis 30 / 30 – 50 / über 50)

  Es wird unterstellt, dass die Präferenz für Fertiggerichte mit zunehmendem Alter abnimmt.

- Hausstand (Lebensgemeinschaft / Singlehaushalt)

  Es wird davon ausgegangen, dass die Präferenz für einfache Fertiggerichte in Singlehaushalten höher ist.

- Berufstätigkeit (Vollzeit / Teilzeit / nicht berufstätig)

  Insbesondere Vollzeitberufstätige werden weniger Zeit im Haushalt und damit auch mit der Zubereitung von Nahrungsmitteln verbringen und deshalb eher auf Fertiggerichte wie Tütensuppen zurückgreifen, als bspw. Nichtberufstätige

- Haushaltsnettoeinkommen in T€ p.a. (bis 10 / 30 / 50 / über 50)

  Die Tütensuppe bietet als Functional Food einen qualitativen Mehrwert, durch den ein höherer Preis erzielt werden soll, den zu zahlen tendenziell eher höhere Einkommensgruppen bereit sind

- Gesundheitsbewusstsein (+3.../ ...-3)

  Aufgrund der gesundheitsförderlichen Wirkung kann davon ausgegangen werden, dass Gesundheitsbewusstsein und Präferenzen für Functional Food positiv korrelieren.

Wie diese Daten mit Methoden der Marktforschung erhoben werden können, wird im nächsten Kapitel dargestellt. Aus den gesammelten Daten können dann beispielhaft folgende Marktsegmente gebildet werden, die eine

Segment \ Kriterium	Der "klassische junge Single"	Der "gesundheits-bewußte Yuppie"	Der "gesundheits-bewußte Single im besten Alter"	Der / die "gesundheits-bewußte ManagerIn"	...
Anteil der Probanden an der Grundgesamtheit	10%	15%	10%	15%	...
Alter*	24	24	40	40	...
Hausstand*	Singlehaushalt	Singlehaushalt	Singlehaushalt	Singlehaushalt	...
Berufstätigkeit*	Vollzeit	Vollzeit	Vollzeit	Vollzeit	...
Einkommen*	20	40	20	40	...
Gesundheitsbewußtsein*	+1	+2	+3	+2	...
* arithmet. Mittelwert					

Bild 1: Beispielhafte Marktsegmentierung

Unter Zugrundelegung der oben dargestellten Annahmen erscheint insbesondere das Verbrauchersegment der „gesundheitsbewußten Yuppies" für eine Vermarktung der innovativen Tütensuppe attraktiv. Diese mit 15% substanzielle, sehr gut verdienende, junge Zielgruppe lebt in einem Singlehaushalt und ist voll berufstätig, woraus sich eine Präferenz für Fertiggerichte ableiten lässt. Darüber hinaus ist dieses Segment durch ein ausgeprägtes Gesundheitsbewusstsein charakterisiert, woraus auf eine Präferenz für Functional Food geschlossen werden kann.

Will sich Herr Mischer, wie in der Aufgabenstellung angenommen, (vorerst) auf ein Marktsegment konzentrieren, wird er dieses Marktsegment für die Marktbearbeitung auswählen und die Instrumente des Marketingmix auf dieses Verbrauchersegment zuschneiden.

Denkbar wäre auch, dass Herr Mischer eine selektive Marktbearbeitung auf mehreren Marktsegmenten fährt und so bspw. das Segment der „gesundheitsbewußten Manager" mit einem weiteren Variante des Marketingmix bearbeitet. Folgende Darstellung zeigt exemplarisch die mögliche Grundausprägung des Marketingmix:

Segment \ Instrument	Produktpolitik	Preispolitik	Kommunikations- politik / Appel	Distributionspolitik
Der "gesundheits- bewusste Yuppie"	Standard Vitamin- / Mineralmischhung, moderne Geschmacksrichtung	Premium	Die schnelle Mahlzeit für den jungen, gesundheitsbewußten und erfolgreichen Single!	Exklusiver Vertrieb über ausgewählte Handelsketten
Der / die "gesundheits- bewusste ManagerIn"	Spezielle Vitamin- / Mineralmischhung "+40", konservative Geschmacksrichtung	Premium	Die schnelle und gesunde Mahlzeit für den gesundheits- bewußten Manager- typ ab 40!	Exklusiver Vertrieb über ausgewählte Handelsketten

Bild 2: Grundausprägung des Marketingmix

3 Datengewinnung

Um die Segmentierung des Marktes durchführen zu können, muss Herr Mischer an die entsprechenden Daten gelangen, Grundsätzlich sind zwei Vorgehensweise denkbar, die als Primär- und Sekundärmarktforschung bezeichnet werden:

- Bei der Primärmarktfoschung (Field Research) werden die Daten durch Beobachtung oder Befragung der Probanden erhoben. Geschieht dies über einen längeren Zeitraum hinweg, spricht man von einer Panel.

- Im Rahmen der Sekundärmarktforschung (Desk Research) wird bereits vorhandenes Datenmaterial, das für ähnliche oder auch vollkommen andere Zwecke erhoben wurde, ausgewertet.

Welche Vorgehensweise ist angesichts der zugrunde liegenden Umstände für den vorliegenden Fall erfolgsversprechend und unter betriebswirtschaftlichen Gesichtspunkten sinnvoll?

Herr Mischer könnte im Rahmen einer Primärmarktforschung die zur Marktsegmentierung notwendigen Daten selbst erheben. Diese Vorgehensweise ist aus mehreren Gründen nicht zu empfehlen. Zum einen verfügt Hr. Mischer über keine adäquaten Kenntnisse im Marketing und schon gar nicht in der empirischen Sozialforschung. Er ist deshalb kaum nicht in der Lage, bspw. geeignete Fragebögen zu entwerfen, diese statistisch auszuwerten und zu interpretieren. Eine aussagekräftige Studie beruht darüber hinaus immer auf einer repräsentativen Grundgesamtheit, die im Consumer Bereich meist mehrere tausend Probanden (z.B. Haushalte oder Händler) beinhaltet. Hr. Mischer dürfte auch bei vollem Einsatz nicht in der Lage sein, eine solche Umfrage alleine durchzuführen.

Eine realistischere Option ist das Outsourcing der Primärmarktfoschung an einen Dienstleister. Marktforschungsinstitute wie die Gesellschaft für Konsum-, Markt und Absatzforschung (GfK) oder ACNielsen führen im Kundenauftrag individuelle Studien durch. Vorteil dieser Institute ist zum einen ein breites Know-How in den relevanten Bereichen Marketing und Sozialforschung, zum anderen der Zugang zu einer relevanten Grundgesamtheit von Probanden. Darüber hinaus bieten diese Institute weitergehende Leistungen an, z.B. die Analyse der Werbewirkung oder Testmarketing. Auch wenn das Outsourcing an professionelle Dienstleister zweifelsohne zu einem aussagekräftigen Ergebnis führt, kommt es aufgrund der hohen Kosten für Herrn Mischer, der direkt nach dem Studium nur über eine geringe Kapitaldecke verfügt, nicht in Frage.

Unabhängig davon, ob die Erhebung durch Herrn Mischer selbst oder durch ein beauftragtes Marktforschungsinstitut kundenindividuell durchgeführt würde, birgt die Primärmarktforschung ein weiteres Problem. Eine einmalige Umfrage ist nicht in der Lage, Veränderungen in den Verbraucherpräferenzen abzubilden. Sie ist lediglich eine Momentaufnahme. Herr Mischer erfährt zwar, dass x Prozent der „gesundheitsbewussten Yuppies" zur Zeit bestimmte Einstellungen oder ein Konsumverhalten an den Tag legen, er weiß jedoch nicht, in welche Richtung die Entwicklung verläuft und kann somit keinen Trend ableiten.

Dieses Defizit adressieren sogenannte Panels, regelmäßig wiederkehrende und gleichbleibende Umfragen unter einem möglichst stabilen Probandenkreis. Solche Panels werden von den o.g. Marktforschungsinstituten im Consumer Food Bereich regelmäßig durchgeführt und sind käuflich zu erwerben [vgl. GfK2004; ACNi2004]. Darüber hinaus dürfte der Preis dieser Paneldaten sicher deutlich unter den Kosten einer kundenindividuellen Studie liegen. Herr Mischer könnte so im Rahmen einer Sekundärmarktforschung auf diese Panels zurückgreifen und auf dieser Basis eine Marktsegmentierung durchführen. Nachteil dieser Vorgehensweise im Vergleich zur Primärmarktforschung ist, dass gegebenenfalls nur ein Teil der festgelegten Segmentierungskriterien in identischer oder vergleichbarer Form erhoben wird. In diesem Fall muss analysiert werden, ob mit Kriterien, die im Panel erhoben worden sind, ein Kausalzusammenhang besteht, aus dem auf die eigenen Segmentierungskriterien geschlossen werden kann. Enthält ein Panel bspw. kein Kriterium „Gesundheitsbewusstsein" aber Kriterien, die sportliche Aktivitäten, Rauchverhalten oder Alkoholkonsum betreffen, könnten daraus Rückschlüsse auf das Gesundheitsbewusstsein gezogen werden. Gegebenfalls kann es für Herrn Mischer somit auch ratsam sein, die Segmentierungskriterien schon mit Blick auf die überhaupt zur Verfügung stehenden Daten zu definieren. Soll keine Primärmarktforschung durchgeführt werden, hilft es wenig, wenn ein Segmentierungskriterium zwar messbar ist, im entsprechenden Kontext jedoch noch nie erhoben wurde.

Neben Marktforschungsinstituten bieten auch Lebensmittelfachverbände und Interessenvereinigungen wie z.b. die Bundesvereinigung der deutschen Ernährungsindustrie eine Vielzahl von Marktdaten an [vgl. z.B. BVE2004], die Herr Mischer weiterverwerten kann. Selbiges gilt für staatliche Einrichtungen und Behörden wie z.B. das Statistische Bundesamt in Wiesbaden [StaB2004] oder das Bundesministerium für Verbraucherschutz, Ernährung und Landwirtschaft [BMV2004]. Eine im hier diskutierten Kontext aussagekräftige Datenbasis, die mit den Panels der Marktforschungsinstitute vergleichbar ist, wird hier jedoch kaum zu finden sein.

4 Fazit

In der vorliegenden Fallstudie wurde dargestellt, wie eine Marktsegmentierung für ein innovatives Tütensuppenprodukt durchgeführt werden kann. Im einzelnen wurde auf die Notwendigkeit der Marktsegmentierung vor dem Hintergrund heutiger Marktstrukturen hingewiesen und mögliche Segmentierungskriterien dargestellt, aus denen dann konkrete Empfehlungen für die der Fallstudie zugrundeliegende Ausgangssituation abgeleitet wurden. Dabei wurden die an Segmentierungskriterien gestellten Anforderungen berücksichtigt, um sicherzustellen, dass die Kriterien zur Segmentierung des Marktes geeignet und quantifizierbar sind. Darüber hinaus wurden Empfehlungen ausgesprochen, wie Herr Mischer die der Segmentierung zugrunde liegenden Marktforschungsdaten gewinnen kann.

Hier wird deutlich, dass für Herrn Mischer im Prinzip nur eine Sekundärmarktforschung auf Basis von Panels, die bei Marktforschungsinstituten erworben werden
können, in Frage kommt. Dieser Ansatz berücksichtigt die finanziellen und personellen
Restriktionen von Herrn Mischer und ist darüber hinaus kosteneffizient, da bereits
vorhandene, qualitativ hochwertige Marktforschungsdaten genutzt werden können.
Darüber hinaus Sinnvollerweise sollte sich Herr Mischer im Rahmen der Marktsegmentierung frühzeitig einen Überblick verschaffen, inwieweit sich die verfügbaren
Marktforschungsdaten, insbesondere die in den angesprochenen Panels erhobenen
Kriterien, mit seinem Segmentierungsansatz decken oder vielleicht noch aussagekräftige-
re Daten wie z.B. konkrete Präferenzen für Fertiggerichte oder Functional Food,
beinhalten.

Auf diese Weise kann Herr Mischer frühzeitig sicherstellen, dass die von ihm
ausgewählten Marktsegmentierungskriterien mit dem verfügbaren Marktforschungsdaten
quantifiziert werden können und so eine aussagekräftige Marktsegmentierung praktisch
durchgeführt werden kann.

Wie ansatzweise dargestellt wurde, wird Herr Mischer in einem nächsten Schritt für das
bzw. die von ihm als besonders attraktiv betrachteten und für eine Bearbeitung
ausgewählten Marktsegmente ein spezifisches Marketingmix zuschneiden. Dieses muss
die Präferenzen der im Rahmen der Marktsegmentierung gebildeten Verbraucher-Cluster
bestmöglich adressieren, um den Vermarktungserfolg der Tütensuppe sicherzustellen. Die
adäquate Segmentierung des Marktes und die daraus resultierende Strategieentscheidung
sind damit erfolgsentscheidend für den kommerziellen Erfolg des Produktes.

Literatur

[Beck1993]	Becker, Jochen: Marketing Konzeptionen – Grundlagen des strategischen Marketing-Managements. Verlag Vahlen, München 1993.
[Spie2001]	Spiekermann, Uwe: Der Markt für Functional Food - Überblick, Bedeutung und Perspektiven. Beitrag zur Fortbildungsveranstaltung „Ernährungstrends und Esskultur", Esslingen 2004. http://www.alf.es.bw.schule.de/ergebnisse/Ernaehrungstrends/EssFuFAbb.DOC Abruf am 2004-01-30.
[Zing2003]	Harry Zingel: Grundbegriffe der Marktsegmentierung. http://www.zingel.de/pdf/09seg.pdf Abruf am 2004-01-30.
[Data2004]	Datamonitor: SARS enhances sales of instant noodles. http://www.datamonitor.com/~5fff243726b94ab581c0814a702fe296~/consumer/news/product.asp?pid=EAE31917-8CD7-4B4A-8598-9B8F2E39A710 Abruf am 2004-01-30.
[GfK2004]	GfK: Die Studien der GfK Consumer-Tracking im Überblick. http://www.gfk.de/produkte/statisch/studien/index_ct.php Abruf am 2004-01-30.
[ACNi2004]	ACNielsen: Consumer Panels. http://www.acnielsen.de/services/consumer/index.htm Abruf am 2004-01-30.
[BVE3004]	BVE: Zahlen, Daten, Fakten. http://www.bve-online.de/zahlen/index.html Abruf am 2004-01-30.
[StaB2004]	Statistisches Bundesamt: Homepage. http://www.destatis.de/ Abruf am 2004-01-30.
[BMV2004]	Bundesministerium für Verbraucherschutz, Ernährung und Landwirtschaft: Wirtschaftsdaten. http://www.verbraucherministerium.de/wirtschaftsdaten/daten.htm Abruf 2004-01-30.